Du bist
etwas Besonderes

Karin Feilmeier

WEBERVERLAG.CH

Von den wärmenden Sonnenstrahlen des frühen Morgens geweckt, blinzelt Blacky, das süße Schäfchen, noch ganz verschlafen aus seinem Bett voller Stroh.
Die Sonne scheint ganz wunderbar zur Stalltür herein und es verspricht ein schöner Tag zu werden.

Ein paar kleine und große Schäfchen
sind schon draußen auf der Weide. Sie leben
alle zusammen auf dem Hof.
Blacky hat ein schwarzes Fell wie
seine Mutter, sein Vater,
seine Onkel, Tanten und Cousins.
Seit Kurzem sind sie da und
sprechen eine andere
Sprache als die weißen Schafe,
die hier im Umkreis leben.

Dort, wo Blacky herkommt, herrscht Krieg.
Blacky und seine Familie mussten fliehen.
Ihre Stadt wurde zerstört, sie hatten
kein Zuhause mehr und viele Tiere starben.
So waren sie sehr froh, dass sie
hier, wo alles ganz still und ruhig ist,
eine Bleibe fanden.
Nun waren sie zwar ganz fremd und weit
weg von zu Hause.
Doch es herrschte kein Krieg mehr.
Manche mussten ihre Großeltern
und Freunde zurücklassen und verloren ihren
geliebten heimischen Stall.

Hier, wo sie jetzt leben, geht es ihnen gut.
Es gibt viel Freilauf und saftiges
grünes Gras. Und doch fehlt Blacky etwas.
Er möchte gerne mit Freunden spielen.
Zwar kommen immer wieder kleine Schäfchen
mit hellem Fell an seinem Stall vorbei.
Aber sie blöken nur: „He, wie sehen die denn
aus?" „Die haben ja schwarzes Fell!",
meint ihr kleiner Anführer namens „White".
Die Tierkinder lachen und laufen
einfach weg. Das tut Blacky im Herzen weh.
So gerne würde er sie kennenlernen
und mit ihnen spielen.

Gott sei Dank hat Blacky bereits Freunde
in seinem Stall gefunden. Diese haben ihm
einen Fußball geschenkt.

Die Tiere haben sehr viel
Freude beim Fußballspielen und Blacky kann,
obwohl er eines der kleinsten ist, sehr gut mit
den
grösseren mithalten. Als Stürmer rechts außen
kickt das Schäfchen mit dem glänzenden
Fell
wie ein echter Profi. Seine Freunde
sagen immer zu ihm: „Du wirst noch ein
zweiter Messi!"

Von Weitem hört man sie lachen und Spaß haben. Am nächsten Tag springen die weißen Schafe wieder an den schwarzen Schafen vorbei und stellen sich zum Fußballspielen auf. Blacky macht das traurig. Er steht mit seinen Freunden auf der Weide und würde so gerne mitspielen, doch die weißen Schafe schenken ihnen keine Beachtung.

Wenig später, als Blacky im Gras liegt und
den Wolken wehmütig dabei zusieht,
wie sie in die Ferne ziehen, hört er plötzlich
jemand rufen: „Aua, aua, mein Bein!"
Blacky überlegt keine Sekunde. Wie ein
Wirbelwind flitzt er zu den weißen Schafen,
die ängstlich ihren Anführer umringen.
Er schiebt sich durch zwei weiße Schafe hin-
durch und sieht, dass Whites linker
Knöchel geschwollen ist.
Blacky überlegt, was er tun soll.

Soll er Whites Mama holen?
Kann sein Papa helfen?

Da fällt ihm seine Großmutter ein. Sie legte
immer ein gelbes Kraut auf
verletzte Stellen, eine Art Allheilmittel. Ohne
ein Wort zu sagen, sprintet er los. In der
Nähe des Waldes fragt er sich: Soll ich da
wirklich alleine hingehen? Ist da vielleicht ein
Wolf?
Doch er ist sich sicher, dass die Pflanze nur
dort wächst. Sie mag es sonnig bis
halbschattig. Also dort hinein. Bald hat
Blacky die gelben Blüten gefunden.

Er reißt sie mit seinem Maul ab
und läuft, so schnell er kann, zurück zum
verletzten Tierkind.

Als er White die Pflanze auf sein verletztes
Bein legen will, zieht er es
reflexartig zurück. Blacky ist überrascht.
Doch dann wird ihm klar: White weiß nicht,
dass ihm die Pflanze helfen wird.

Beruhigend redet er in seiner Sprache
auf ihn ein und sieht ihm mit einem sanften
Lächeln in die Augen. White scheint
zu verstehen, dass er ihm helfen will. Als Blacky wieder vorsichtig sein Maul senkt,
um die Blüten auf Whites Bein zu legen, lässt
er es zu. Vorsichtig legt Blacky die gelben
Blumen auf die verletzte Stelle und befestigt
sie mit längeren Grashalmen.
Dabei schenkt er White ein kleines Lächeln,
das so viel wie „Alles wird gut!" heißen soll.

„Arnika" heißt die Wunderpflanze. Sie ist eine seltene Heilpflanze und steht unter Naturschutz. White wischt sich verstohlen die Tränen aus seinem Gesicht und bedankt sich mit einem Nicken und einem Lächeln. Glücklich lächelt Blacky zurück.
Begleitet von seinen Freunden humpelt White mit seinem Arnikaverband nach Hause. Besorgt fragen seine Eltern, was passiert sei, und er erzählt ihnen von seiner Verletzung und wie selbstverständlich Blacky ihm mit den gelben Blumen geholfen hat.

Nach ein paar Tagen ist sein geschwollenes
Bein wieder verheilt und er kann wieder
auf die Weide. Freudig begrüßen ihn seine
Freunde und sofort wollen sie wieder
Fußball spielen. Gemeinsam trotten sie an
den schwarzen Schafen vorbei.
Sie sehen, wie diese spielen, und merken,
dass sie richtig Freude dabei haben.

Blacky lächelt und winkt ihnen mit seinem Huf zu, als ob er sagen will: „Hey, spielt doch einfach mal mit!" White lächelt zurück und meint: „Kommt, gemeinsam ist es doch viel schöner und die schwarzen Schafe spielen wirklich gut Fußball!" Plötzlich ist die fremde Sprache kein Problem mehr und die Tierkinder, egal ob weiß oder schwarz, verbringen einen wunderschönen Tag zusammen. Am Ende eines lustigen Tages, bei dem es auch lebhafte Ballwechsel und Freistöße gab, sind sie richtig dicke Freunde geworden und Blacky und White verabreden sich mit einem Augenzwinkern für den nächsten Tag. Abends erzählt White seinen Eltern von den schwarzen Schafen und dass er mit ihnen eine tolle Zeit

erlebt hat. Leider konnten sie sich nur schwer
verständigen. Da bemerken die Eltern, dass
die schwarzen Schafe Hilfe brauchen.

Sie kennen ein altes Schaf, das als Dolmetscher übersetzen kann. Es kam vor langer Zeit mit dem Schiff aus Australien.
Auf der monatelangen Reise lernte es mehrere Sprachen und dieses kluge Schaf soll am nächsten Tag einmal mitkommen. Als die kleine Gruppe bei Blacky und seinen Eltern eintrifft und das alte Schaf sie in ihrer Sprache begrüßt, ist die Freude groß. Endlich versteht sie jemand. Da beginnen sie vom Krieg und von ihrer Not zu erzählen. Gebannt lauschen die weißen Schafe, was das alte Schaf ihnen übersetzt, und sie sind sehr berührt vom Schicksal der schwarzen Schafe. Sie wollen, dass es ihnen besser geht, und fragen, wie sie helfen können.

Die schwarzen Schafe wünschen sich,
dass die anderen sie integrieren und sie ein
Teil der Gemeinschaft werden dürfen.

Am Wochenende vereinbaren sie gemeinsam, zuerst einmal ein richtiges Begrüßungsfest zu machen. Ihnen wird klar: „Jeder ist etwas Besonderes!" Jeder hat eine interessante Geschichte oder weiß etwas, das weiterhelfen kann. Egal, ob schwarz oder weiß!

Lehrreiches zur
Heilpflanze Arnika
(Arnica montana)

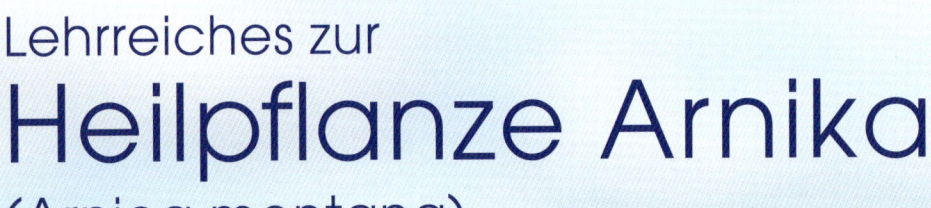

Die Heilpflanze Arnika unterstützt mit ihren vielen wirksamen Inhaltsstoffen die Heilung von stumpfen, nicht blutigen Verletzungen, Quetschungen, Prellungen oder Zerrungen. Die krautige Pflanze – nicht zu verwechseln mit dem Löwenzahn – wird 20 bis 60 Zentimeter hoch.

Früher, als die Pflanze noch nicht unter Naturschutz stand, wurden die Blüten gesammelt und als Tinktur angewendet. Arnika kann giftig wirken und darf nur äußerlich angewendet werden.

Eine Salbe aus Arnika kannst du auch gut selbst herstellen:

Zutaten

50 ml Arnikaöl (aus der Apotheke) und 3–4 g Bienenwachs (aus der Drogerie) in ein hitzebeständiges Glas geben und im Wasserbad erhitzen.
Bei 60 °C schmilzt das Bienenwachs. Umrühren hilft beim Schmelzen. **Lass dir dabei am besten von einem Erwachsenen helfen.**

Wenn das Bienenwachs geschmolzen ist, kannst du das Glas vorsichtig aus dem Wasserbad nehmen. Die noch flüssige Mischung gibst du in eine Pfanne und lässt sie fest werden.

Durch das Arnikaöl hilft die Salbe bei Verstauchungen, Schwellungen, Prellungen und bei Insektenstichen.

Die Salbe hält etwa ein Jahr. Nun kannst du das Glas beschriften und fertig ist deine Arnikasalbe.

Über die Autorin und die Illustratorin

Karin Feilmeier, *1974, bietet als Resilienztrainerin und Partnerin von „Stark auch ohne Muckis" Mobbing-Präventionskurse für Kinder an. Zudem zählen Vorträge, Einzelcoaching und Pädagogen-Schulungen zu ihrem Portfolio. Als Familien-Team-Trainerin mit Zertifikat erweiterte sie ihr Programm mit Elternkursen und Persönlichkeitstrainings. Dabei inspiriert sie Mahatma Gandhis Zitat „Sei du selbst die Veränderung, die du dir wünschst für diese Welt". Feilmeier wohnt mit ihrer Familie in Hauzenberg bei Passau (D). Ihre beiden Söhne spielen – natürlich – Fußball, wie das kleine Schaf Blacky in ihrem Debütkinderbuch „Du bist etwas Besonderes".

Eva Kecskès, *1983 im ungarischen Debrecen, malt mit Vorliebe Porträts und abstrakte Landschaften. Als „Nicht-Deutsche" kann sie die Geschichte von Blacky, dem kleinen schwarzen Schaf im Kinderbuch „Du bist etwas Besonderes", gut nachvollziehen. Auch Kecskès hat zwei Fußball spielende Söhne und lebt mit ihrer Familie in Hauzenberg bei Passau (D).

Impressum

Alle Angaben in diesem Buch wurden von der Autorin nach bestem Wissen und Gewissen erstellt und von ihr und dem Verlag mit Sorgfalt geprüft. Inhaltliche Fehler sind dennoch nicht auszuschliessen. Daher erfolgen alle Angaben ohne Gewähr. Weder Autorin noch Verlag übernehmen Verantwortung für etwaige Unstimmigkeiten. Alle Rechte vorbehalten, einschliesslich derjenigen des auszugsweisen Abdrucks und der elektronischen Wiedergabe.

© 2021 Werd & Weber Verlag AG, Gwattstrasse 144, CH-3645 Thun / Gwatt
2. Auflage

Texte Karin Feilmeier
Illustrationen Eva Kecskès
Werd & Weber Verlag AG
Gestaltung Titelbild und Inhalt: Susanne Mani
Lektorat: Madeleine Hadorn
Korrektorat: Karina Büchler

ISBN 978-3-85932-963-8
www.weberverlag.ch

Der Verlag Werd & Weber wird vom Bundesamt für Kultur mit einem Strukturbeitrag für die Jahre 2021–2024 unterstützt.

myclimate
neutral
Drucksache